Coleção dos
SONHOS
PARA EDUCAÇÃO FINANCEIRA
EM QUADRINHOS

NICO E OS NOVOS DESAFIOS

www.editoradsop.com.br

Presidente
PhD Reinaldo Domingos

Coordenadora editorial
Laila Mascarenhas

Redatora
Dandara Monteiro

Editora de texto
Fabiana Oliveira

Editora de arte
Marisa Corazza

Revisora
Gabriela Andrade

www.senioreditora.com.br
Instagram: @senior.editora

Sênior EDITORA

Editor colaborador
Samuel Vieira

BLUE LINE STUDIO

Diretor de arte
João Costa

COLABORADORES

Desenhos
Aparecido F. Norberto (Cidão)

Arte final HQ e capa
Omar Viñole

Cor
Lucas França Barros

Letras
Fausto Costa

dsop editora
Rua Alba, 88 – CEP: 04346-000
Vl. Pq. Jabaquara – São Paulo – SP
Tel.: 11 3177-7800

Dados Internacionais de Catalogação na Publicação (CIP)
(Câmara Brasileira do Livro, SP, Brasil)

Domingos, Reinaldo
Nico e os novos desafios / Reinaldo Domingos ; [ilustração Blue line Studio de Arte]. -- São Paulo : Editora DSOP, 2023. -- (Coleção dos sonhos para educação financeira em quadrinhos ; 6)

ISBN 978-85-8276-575-3

1. Educação financeira 2. Finanças - Literatura infantojuvenil 3. Histórias em quadrinhos - Literatura infantojuvenil I. Blue line Studio de Arte. II. Título. III. Série.

23-168828 CDD-028.5

Índices para catálogo sistemático:

1. Educação financeira : Literatura infantil 028.5
2. Educação financeira : Literatura infantojuvenil 028.5

Cibele Maria Dias - Bibliotecária - CRB-8/9427

NICO EM:
NICO E OS NOVOS DESAFIOS
ERA UM DIA QUENTE EM GUATINGA, DAQUELES PERFEITOS PARA UM PASSEIO NO PARQUE.
EI GALERA, É O VÔ AMADEU ME LIGANDO.
ME ESPERA, TAMBÉM QUERO DAR UM OI.
EU TAMBÉM!

VÔ AMADEU PERGUNTOU COMO ESTAVAM AS FÉRIAS DA TURMA. CADA UM CONTOU UM POUCO SOBRE COMO FORAM AS ÚLTIMAS SEMANAS, ATÉ QUE NICO INTERROMPEU...
VOVÔ, FALANDO NISSO, NAS PRÓXIMAS FÉRIAS, NO MEIO DO ANO, EU VOU TE VISITAR. PODE ESPERAR!
QUE NOTÍCIA MARAVILHOSA! E, SE QUISER, TRAGA SEUS AMIGOS. COMO VOCÊ SABE, TEM BASTANTE ESPAÇO AQUI NO SÍTIO.
O QUE ACHAM?
EU ADOREI!
EU TAMBÉM!
ENTÃO, COMBINADO VOVÔ! EM JULHO ESTAREMOS AÍ.
ÓTIMO! NÃO DEIXEM DE PEDIR AUTORIZAÇÃO AOS PAIS DE VOCÊS!

AH, VAI SER MUITO LEGAL ESSA VIAGEM! PENA QUE A OLÍVIA NÃO ESTÁ AQUI, ELA IRIA ADORAR...
MAS ELA TAMBÉM ESTÁ SE DIVERTINDO. IMAGINA MORAR EM OUTRO PAÍS?
VERDADE, OS ESTADOS UNIDOS DEVEM SER BEM LEGAL DE CONHECER.
NICO, SÓ TEM UMA COISINHA QUE ME PREOCUPA COM ESSA VIAGEM. COMO É QUE VAMOS PAGAR POR ELA?
FÁCIL. A VIAGEM PARA O SÍTIO, EM LAGOA BRANCA, SERÁ O NOSSO SONHO. PELO TEMPO E PELO VALOR QUE PRECISAMOS POUPAR, ACHO MELHOR SER UM SONHO DE MÉDIO PRAZO.
COMO ASSIM NOSSO SONHO DE MÉDIO PRAZO?
É ASSIM, TOMOKINHO, QUANDO EU QUERO REALIZAR ALGO, USO UM MÉTODO QUE MEU AVÔ ME ENSINOU. SEGUINDO DIREITINHO, VOCÊ CONSEGUE FAZER TUDO O QUE DESEJA.

AH, SIM, NICO. AQUELA PARADA DOS QUATRO PASSOS, NÉ?!?!
PILARES. QUATRO PILARES, FRED.
SIM, EU ME LEMBRO QUANDO A GENTE USOU OS PAAA... OPS, PILARES, PARA ADQUIRIR O VIDEOGAME. FOI BEM LEGAL.
FOI SIM!
OI, PESSOAL, FOI MAL O ATRASO. É QUE EU TÔ VICIADO NO JOGO "O CASTELO DO IMPERADOR".
E O QUE TEM DE TÃO INTERESSANTE NESSE JOGO?
VOCÊ JÁ CHEGOU NA FASE 84? VOCÊ VAI PIRAR.
EU QUERO UMA REVISTINHA QUE FALA SOBRE PASSAGENS SECRETAS E OUTRAS SURPRESAS NESTA FASE. VOU USAR MEU DINHEIRO DO SONHO DE CURTO PRAZO PARA COMPRÁ-LA.
AINDA NÃO. DEPOIS ME EMPRESTA SUA REVISTA.
NICO, SE VOCÊ JÁ ESCOLHEU SEUS SONHOS DE CURTO E MÉDIO PRAZOS, SÓ TÁ FALTANDO O DE LONGO.
VOCÊ JÁ SABE O QUE VAI FAZER?
CLARO!
QUE PARADA É ESSA DE SONHO DE MÉDIO PRAZO?
TOPO, VAI SER MUITO LEGAL!
VAMOS POUPAR DINHEIRO PARA VIAJAR PARA O SÍTIO DO VÔ DO NICO NAS FÉRIAS DE JULHO. TOPA?

MAIS TARDE, EM CASA, NICO CONTOU AO PAI SOBRE O PLANO DE VISITAR O AVÔ COM OS AMIGOS.
FICO FELIZ EM SABER QUE VOCÊ E SEUS AMIGOS VÃO PARA O SÍTIO DO SEU AVÔ. ELE VEM BUSCAR VOCÊS?
AINDA NÃO COMBINAMOS, PAI.
VOU LIGAR PARA O SEU AVÔ MAIS TARDE, PORQUE VOCÊS NÃO PODEM IR SOZINHOS DE GUATINGA ATÉ LAGOA BRANCA.
SKATE

PAULO ATUALIZOU A FAMÍLIA SOBRE OS PLANOS DE NICO. PORÉM AQUELA NOITE AINDA GUARDAVA MUITAS SURPRESAS.
TEMOS UMA NOVIDADE PARA CONTAR: SEU PAI E EU DECIDIMOS QUE CHEGOU A HORA DE ADQUIRIR O NOSSO APARTAMENTO.
VIVA!!! VIVA!!! JÁ SEI QUAL VAI SER MEU SONHO DE LONGO PRAZO: VOU DECORAR MEU QUARTO NOVO.
SIM!
EXCELENTE IDEIA, FILHO. LELÊ E TITI, VOCÊS TOPAM USAR O SONHO DE LONGO PRAZO PARA DECORAR O QUARTO DE VOCÊS?
SIIIIIIIM.

O FINALZINHO DAS FÉRIAS PASSOU BEM RÁPIDO. NICO, FRED, TOMOKO E ANDRÉ ESTAVAM DE VOLTA À ESCOLA. PARA SURPRESA DA TURMA, ESTE ANO ELES NÃO ESTUDARIAM NA MESMA CLASSE.
NICO TINHA PASSADO A MAIOR PARTE DAS AULAS DO DIA QUIETO, MAS, QUANDO A PROFESSORA DE MATEMÁTICA FEZ UMA PERGUNTA, QUE O GAROTO SABIA A RESPOSTA, DECIDIU QUE ESTAVA NA HORA DE DEIXAR A TIMIDEZ DE LADO E PARTICIPAR DA DISCUSSÃO. ELE SÓ NÃO TINHA PERCEBIDO QUE MARCELA, UMA ALUNA QUE ELE NÃO CONHECIA, TINHA COMEÇADO A FALAR AO MESMO TEMPO QUE ELE.
DE ACORDO COM O CÁLCULO...
A RESPOSTA A ESSA PERGUNTA É...
OI! VOCÊ NÃO ESTÁ VENDO QUE EU JÁ ESTAVA FALANDO?
FOI MAL, NÃO TINHA PERCEBIDO.

MAIS TARDE...
COM TOMOKO E FRED EM OUTRA SALA, NICO SE DEU CONTA DE QUE OS HORÁRIOS DE VÁRIAS ATIVIDADES ESCOLARES NÃO BATIAM MAIS COM OS DE SEUS MELHORES AMIGOS. MUITAS VEZES, NEM COM AS AULAS DO ANDRÉ, SEU COMPANHEIRO DE CLASSE.
PARA TENTAR SE ENTURMAR, NICO COMEÇOU A FREQUENTAR AS AULAS DO TIME DE HANDEBOL.

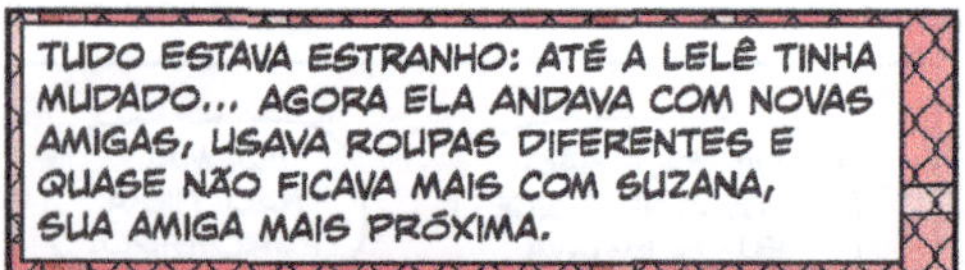
TUDO ESTAVA ESTRANHO: ATÉ A LELÊ TINHA MUDADO... AGORA ELA ANDAVA COM NOVAS AMIGAS, USAVA ROUPAS DIFERENTES E QUASE NÃO FICAVA MAIS COM SUZANA, SUA AMIGA MAIS PRÓXIMA.

LELÊÊÊ...

NADA ANIMAVA NICO... NEM MESMO SEU SONHO DE MÉDIO PRAZO, A VIAGEM PARA O SÍTIO DO VÔ AMADEU; NEM O SONHO DE LONGO PRAZO, A DECORAÇÃO DO QUARTO NO NOVO APARTAMENTO.
CASTELO DO IMPERADOR
NICO SÓ FICOU CONTENTE QUANDO RECEBEU UMA LIGAÇÃO DO AVÔ AMADEU, QUE LOGO PERCEBEU A TRISTEZA DO NETO.
OI, NICO, O QUE ESTÁ ACONTECENDO? ESTÁ COM PROBLEMAS NA ESCOLA?
AH, VOVÔ, MEUS MELHORES AMIGOS ESTÃO EM OUTRA SALA.
QUASE NÃO TEMOS MAIS TEMPO JUNTOS.
TEM MUITA GENTE NOVA NA MINHA CLASSE E NÃO ESTOU CONSEGUINDO ME ENTURMAR.
CALMA, MEU NETO, AS COISAS VÃO SE AJEITAR NATURALMENTE. DEPOIS DAS AULAS, PROCURE COMBINAR MAIS ATIVIDADES COM SEUS AMIGOS E CONVIDE OS ALUNOS NOVOS. TENHO CERTEZA DE QUE LOGO, LOGO VOCÊS SE DIVERTIRÃO MUITO.
TÁ BOM, VOVÔ, VOU TENTAR. ESTOU ANSIOSO PRAS FÉRIAS DE JULHO...
EU TAMBÉM, NICO. AGORA VÁ DESCANSAR!

NO DIA SEGUINTE...
TURMA, ESTE ANO TEREMOS UM PROJETO MULTIDISCIPLINAR SOBRE CADEIAS PRODUTIVAS, OU SEJA, COMO ALGO É PRODUZIDO, DESDE A OBTENÇÃO DA MATÉRIA-PRIMA ATÉ O PRODUTO FINAL.
VAMOS SORTEAR OS GRUPOS, E OS TRABALHOS SERÃO APRESENTADOS NA MOSTRA CULTURAL DA ESCOLA, EM NOVEMBRO.
GRUPO 4: NICO, REBECA, MARCELA E ANDRÉ.
VOCÊS TAMBÉM JOGAM O "CASTELO DO IMPERADOR"? ESSE JOGO É IRADO!
COM CERTEZA, JÁ ESTOU NA FASE 214. E VOCÊS?
214? UAUUUUU, QUE DEMAIS! EU TÔ NA 71, E O NICO, NA 84.
EU NÃO GOSTO DESSE JOGO.

MAIS TARDE...
ANDRÉ, VOCÊ REPAROU QUE A MARCELA ESTAVA BEM MAIS SIMPÁTICA DEPOIS QUE CONVERSAMOS SOBRE O JOGO? ACHO QUE TEMOS ISSO EM COMUM.
A MARCELA ESTÁ MUITO AVANÇADA NO JOGO. COMO VAMOS MOSTRAR QUE TAMBÉM SOMOS BONS? É IMPOSSÍVEL ALCANÇÁ-LA TÃO RÁPIDO.
CASTELO DO IMPERADOR

MAIS TARDE...
MAMÃE, ESTAVA PENSANDO EM OBTER CARTÕES COM CRÉDITO DO JOGO "CASTELO DO IMPERADOR".
FILHO, TEM FORMAS MUITO MAIS LEGAIS DE GASTAR DINHEIRO. JOGO É PASSAGEIRO. E VOCÊ PRECISA SE CONCENTRAR NOS SEUS SONHOS DE MÉDIO E LONGO PRAZOS.
TUDO BEM, MAMÃE...
BOA NOITE, QUERIDO.

ALGUNS DIAS DEPOIS...
PESSOAL, FALEI COM MEU PAI, ELE TRABALHA COM TRENS E ENTENDE BASTANTE DO TEMA, PODEMOS FALAR SOBRE ISSO NO TRABALHO DE CIÊNCIAS, O QUE ACHAM?
NÃO GOSTEI. HUNF!
MINHA MÃE TRABALHA EM UMA FÁBRICA DE PRODUTOS DE BELEZA. PODEMOS FALAR DISSO.
A EMPRESA É BEM RECONHECIDA PELA SUA PREOCUPAÇÃO COM O MEIO AMBIENTE, SUSTENTABILIDADE, RESPONSABILIDADE SOCIAL E RESPEITO AOS FUNCIONÁRIOS.
JÁ ADOREI! IMAGINA QUE DEMAIS!?
SERÁ QUE PODEMOS VISITAR A FÁBRICA?
ACREDITO QUE SIM.
PRONTO, ESTÁ DECIDIDO!
APESAR DE INSATISFEITOS COM A ATITUDE MAL-EDUCADA DE MARCELA, NICO E ANDRÉ TAMBÉM ACHARAM QUE SERIA UMA BOA IDEIA VISITAR A FÁBRICA E ACABARAM CONCORDANDO.

OS DIAS PASSAVAM E A SITUAÇÃO DE NICO NA ESCOLA SÓ PIORAVA. ELE SENTIA FALTA DE FRED E TOMOKO; MARCELA CONTINUAVA O DESTRATANDO, AS NOTAS ANDAVAM RUINS, E SUA IRMÃ CADA VEZ MAIS ESTRANHA.
HAHAHA
JÁ ESTOU COM 15 MIL PONTOS NO "CASTELO DO IMPERADOR"! E AÍ, NICO, COMO VÃO SEUS DEZ PONTOS?
MAIS TARDE...
FILHO, ESTÁ TUDO BEM COM VOCÊ? ESTÁ CHATEADO COM ALGUMA COISA?
SÓ ESTOU CANSADO, PAI.
TENHO ALGO AQUI QUE TALVEZ POSSA TE ANIMAR: SUA MESADA FINANCEIRA...
OBRIGADO, PAI, VOU GUARDAR.
NÃO ACREDITO!!
Suas vidas acabaram! Quer comprar mais vidas? Insira o código do seu cartão pré-pago.
JOGO DO IMPERADOR
20
20
sonhos
20 REAIS

NO DIA SEGUINTE...
AGORA, SIM, VOU CONSEGUIR ALCANÇAR A PONTUAÇÃO DA MARCELA E ELA VAI FICAR MAIS LEGAL COM A GENTE.
EBA!
CASTELO DO IMPERAD
MAIS TARDE...
NICO, JÁ TOMOU BANHO E FEZ A LIÇÃO DE CASA?
JÁ, PAPAI!

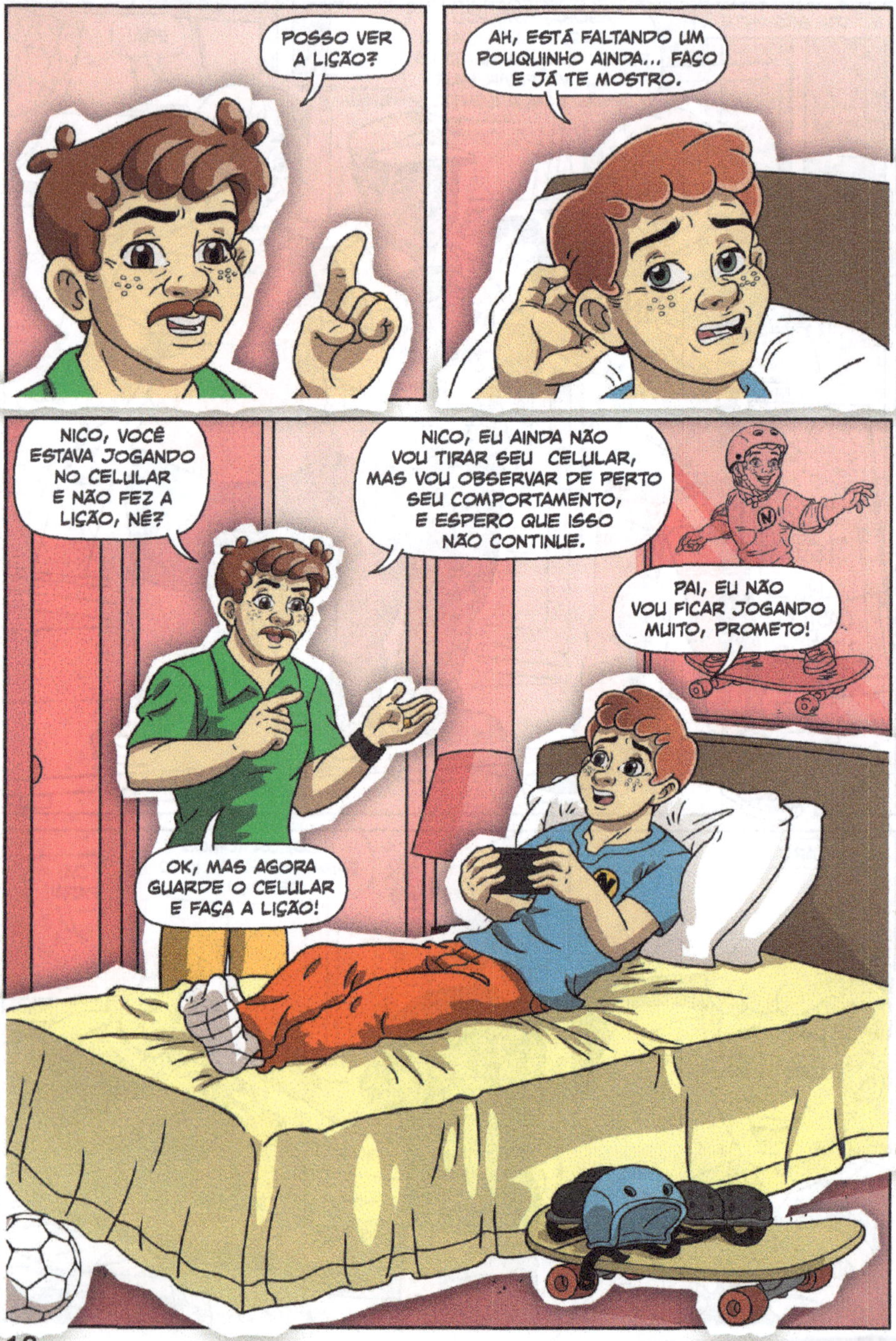
POSSO VER A LIÇÃO?
AH, ESTÁ FALTANDO UM POUQUINHO AINDA... FAÇO E JÁ TE MOSTRO.
NICO, VOCÊ ESTAVA JOGANDO NO CELULAR E NÃO FEZ A LIÇÃO, NÉ?
NICO, EU AINDA NÃO VOU TIRAR SEU CELULAR, MAS VOU OBSERVAR DE PERTO SEU COMPORTAMENTO, E ESPERO QUE ISSO NÃO CONTINUE.
PAI, EU NÃO VOU FICAR JOGANDO MUITO, PROMETO!
OK, MAS AGORA GUARDE O CELULAR E FAÇA A LIÇÃO!

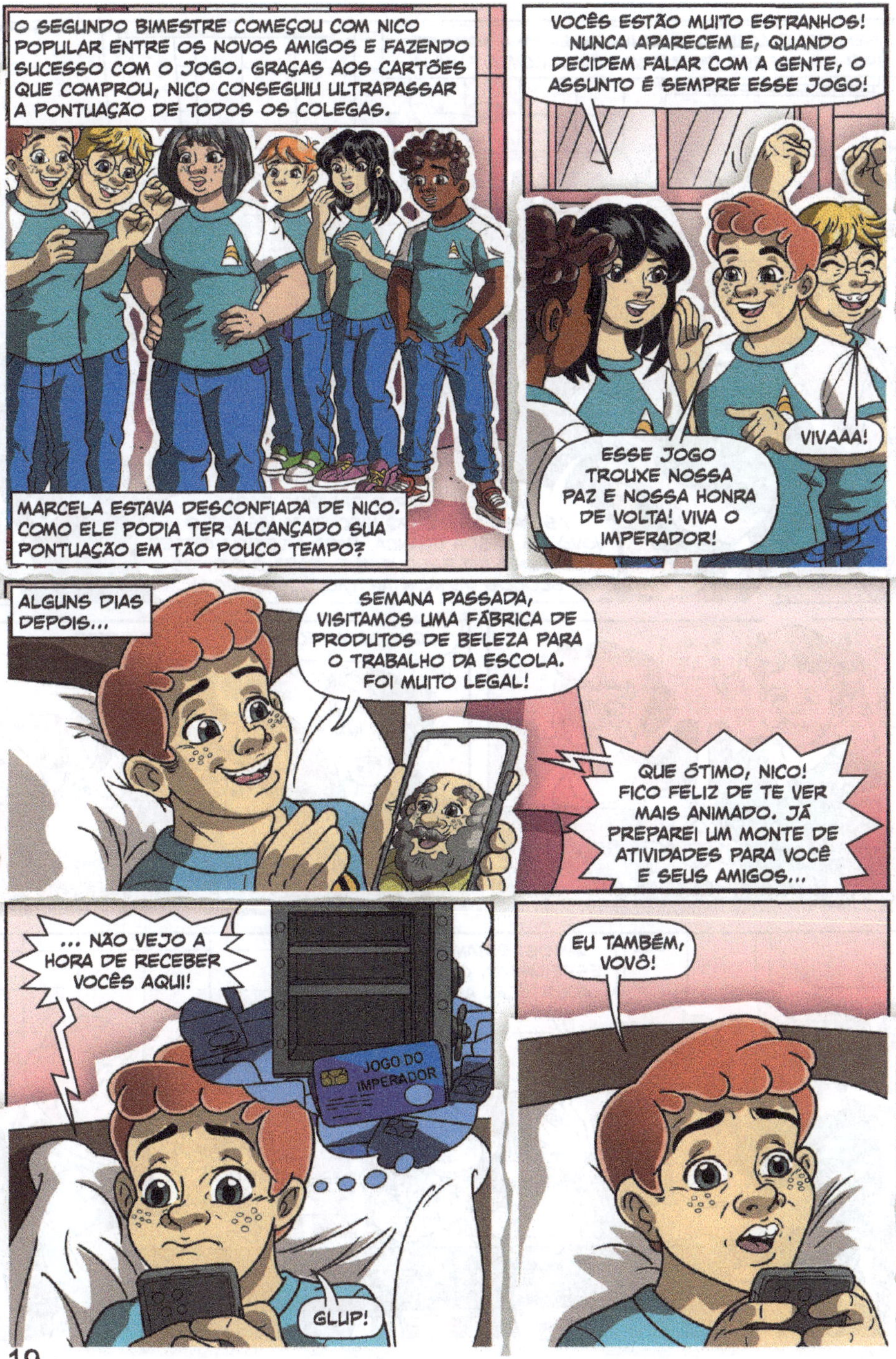
O SEGUNDO BIMESTRE COMEÇOU COM NICO POPULAR ENTRE OS NOVOS AMIGOS E FAZENDO SUCESSO COM O JOGO. GRAÇAS AOS CARTÕES QUE COMPROU, NICO CONSEGUIU ULTRAPASSAR A PONTUAÇÃO DE TODOS OS COLEGAS.
MARCELA ESTAVA DESCONFIADA DE NICO. COMO ELE PODIA TER ALCANÇADO SUA PONTUAÇÃO EM TÃO POUCO TEMPO?
VOCÊS ESTÃO MUITO ESTRANHOS! NUNCA APARECEM E, QUANDO DECIDEM FALAR COM A GENTE, O ASSUNTO É SEMPRE ESSE JOGO!
ESSE JOGO TROUXE NOSSA PAZ E NOSSA HONRA DE VOLTA! VIVA O IMPERADOR!
VIVAAA!
ALGUNS DIAS DEPOIS...
SEMANA PASSADA, VISITAMOS UMA FÁBRICA DE PRODUTOS DE BELEZA PARA O TRABALHO DA ESCOLA. FOI MUITO LEGAL!
QUE ÓTIMO, NICO! FICO FELIZ DE TE VER MAIS ANIMADO. JÁ PREPAREI UM MONTE DE ATIVIDADES PARA VOCÊ E SEUS AMIGOS...
... NÃO VEJO A HORA DE RECEBER VOCÊS AQUI!
JOGO DO IMPERADOR
GLUP!
EU TAMBÉM, VOVÔ!

O SEMESTRE ACABOU, E HAVIA CHEGADO A HORA DE ABRIR OS COFRES DE MÉDIO PRAZO COM A FAMÍLIA...
VAMOS PEGAR O DINHEIRO PARA AS PASSAGENS DO NICO PARA VISITAR O VOVÔ EM LAGOA BRANCA, PARA A LETÍCIA OBTER OS TÊNIS DE BASQUETE E, PARA O TITI, OS BLOCOS DE MONTAR TÃO DESEJADOS!
3, 4, 5...?
O QUE ACONTECEU?
NÃO ESTOU ENTENDENDO NADA!
VAMOS! ESTAMOS ESPERANDO, O QUE ACONTECEU AQUI?

ÃÃÃ...
EU NÃO GUARDEI
TODO O DINHEIRO
QUE DEVERIA.
E O SENHOR PODE NOS
EXPLICAR POR QUÊ?
É QUE... É QUE...
BOM, EU GASTEI BOA PARTE
EM CRÉDITOS PARA O "JOGO
DO IMPERADOR". EU SEI QUE
VOCÊS NÃO VÃO ENTENDER,
MAS FACILITOU MUITO COM OS
AMIGOS NA ESCOLA!
E VOCÊ,
LETÍCIA?
EU TAMBÉM GASTEI.
COMPREI UNS ACESSÓRIOS
LEGAIS. ISSO ME AJUDOU
A CONQUISTAR UM MONTE
DE AMIGAS.

MEUS FILHOS, VOCÊS NÃO PRECISAVAM TER FEITO NADA ESCONDIDO. SE ESTAVAM COM PROBLEMAS NA ESCOLA, ERA SÓ TER CONVERSADO COM A GENTE! ESSA NÃO É A MELHOR MANEIRA DE RESOLVER AS COISAS.
E VOCÊ, LETÍCIA, COMPROU UM MONTE DE BESTEIRAS QUE NEM ESTAVA PRECISANDO E AGORA VAI TER DE JOGAR COM O TÊNIS VELHO O SEMESTRE INTEIRO. SERÁ QUE VALEU A PENA?
VOCÊS NÃO SE DERAM CONTA DE QUE FIZERAM ALGO RUIM PARA VOCÊS MESMOS? O NICO NÃO VAI FAZER A VIAGEM COMBINADA COM OS AMIGOS, O QUE CERTAMENTE VAI DEIXÁ-LOS MUITO CHATEADOS. ISSO SEM FALAR NO VÔ AMADEU, QUE ESPEROU TANTO TEMPO PELA VISITA!

OS ÚLTIMOS DIAS DO SEMESTRE NÃO FORAM NADA FÁCEIS PARA NICO. FRED E TOMOKO FICARAM TÃO CHATEADOS QUE ACABARAM SE AFASTANDO DELE POR UM TEMPO. ANDRÉ, APESAR DE TER APOIADO O AMIGO, ESTAVA ARREPENDIDO, POIS AGORA ELES NÃO TINHAM PARA ONDE IR NAS FÉRIAS, E TAMBÉM SE AFASTOU DE NICO.
... AINDA BEM QUE DEU CERTO E VAMOS FAZER OUTRA COISA NAS FÉRIAS...

POXA VOVÔ, NÃO CONSEGUIREI PASSAR AS FÉRIAS DE JULHO AÍ.
EU GASTEI MUITO DINHEIRO COM CARTÕES PARA O JOGO E ACABEI NÃO ME DEDICANDO O SUFICIENTE AOS ESTUDOS... E, ALÉM DOS MEUS AMIGOS, TODOS VOCÊS ESTÃO CHATEADOS COMIGO.
COM CERTEZA TUDO ISSO FOI UM GRANDE APRENDIZADO PARA VOCÊ, NICO.
QUANTO À VISITA NO SÍTIO, NO FIM DO ANO VOCÊS VÊM. E FOI BOM TER ACONTECIDO AGORA, ASSIM VOCÊ APRENDE A LIÇÃO E PODE SEGUIR EM FRENTE MUITO MELHOR...
SNIF, SNIF!

NO DIA SEGUINTE...
O QUE FOI, MARCELA?
EU DESCOBRI O SEGREDO DO GRAAANDE CAMPEÃO DO JOGO "CASTELO DO IMPERADOR"! O DONO DA BANCA PERGUNTOU SE O MEU AMIGO NÃO IA MAIS QUERER CARTÕEZINHOS DO JOGO!
O QUE FOI? ELE AINDA PERGUNTA O QUE FOI!
HAHAHAHA
NÃO ESTOU ENTENDENDO...
OS CARTÕEZINHOS TE DERAM UMA BELA MÃO, NÃO É MESMO, SENHOR CAMPEÃO? VOCÊ GASTOU MUITA GRANA PARA ULTRAPASSAR TODOS NÓS!
E LÁ SE FOI A POPULARIDADE DE NICO, TÃO DIFÍCIL DE SER ALCANÇADA...

AS FÉRIAS DE NICO ESTE ANO NÃO FORAM AS MAIS ANIMADAS. PASSOU LONGE DOS AMIGOS, EM CASA, ESTUDANDO E JOGANDO VIDEOGAME.

NICO E LELÊ ACABARAM SE REAPROXIMANDO. O QUE FOI BOM, POIS ELES AINDA TINHAM COISAS IMPORTANTES PARA RESOLVER.
NICO, DEIXA EU PERGUNTAR UMA COISA: VOCÊ GUARDOU DINHEIRO NO COFRE DE LONGO PRAZO, PARA DECORAR O QUARTO DO APARTAMENTO?
PIOR QUE NÃO. E VOCÊ?
TAMBÉM NÃO. A GENTE VAI TER DE ARRUMAR UM JEITO DE CONSERTAR ISSO. ESTOU ATÉ PENSANDO EM FAZER ALGUM TIPO DE BIJUTERIA PARA VENDER.
NÃO FAÇO IDEIA DO QUE POSSO FAZER...
VOCÊ PODE VENDER SEU AVATAR DO "JOGO DO IMPERADOR", NICO. ASSIM COMO VOCÊ, MUITA GENTE PAGARIA PARA CONSEGUIR TODOS ESSES PONTOS...HAHAHA
HUM... PODE SER UMA BOA.
N

DIAS DEPOIS...
AS PRIMEIRAS SEMANAS DE AULA PARA NICO E LELÊ NÃO FORAM FÁCEIS...
SEM DINHEIRO PARA FAZER NOVAS COMPRAS E PAGAR COISAS PARA AS AMIGAS, LELÊ FICOU SEM JEITO DE FALAR COM ELAS, INCLUSIVE COM SUZANA.
COMO FORAM SUAS FÉRIAS?
NICO, ALÉM DE ESTAR SEM SEUS AMIGOS DE VERDADE, AINDA SOFRIA COM OS RISOS DOS COLEGAS.
OLHA LÁ O IMPERADOR FAJUTO DE VOLTA...

MAIS TARDE...
SABE, ATÉ QUE TEVE UMA COISA BOA DESSAS FÉRIAS: COMO FIQUEI EM CASA ESTUDANDO...
AGORA ESTOU CRAQUE EM MATEMÁTICA, E GOSTANDO BASTANTE.
QUE BOM, NICO, VAI SER IMPORTANTE PARA OS PRÓXIMOS ANOS VOCÊ ENTENDER BEM A MATÉRIA.
LELÊ, MUDANDO DE ASSUNTO... COMO VAMOS JUNTAR DINHEIRO? ME AJUDA A DIAGNOSTICAR? VENDER MEU AVATAR E SUAS BIJUTERIAS NÃO SERÁ SUFICIENTE.
EU ANDEI PENSANDO NOS QUATRO PILARES DA METODOLOGIA DSOP QUE O VOVÔ ENSINOU, E SEMPRE NOS AJUDA.
VAMOS LÁ: TEMOS POUCO TEMPO E UM GRANDE VALOR A POUPAR.
O JEITO É A GENTE INCLUIR O VALOR QUE SERIA PARA OS SONHOS DE MÉDIO E LONGO PRAZOS. O QUE VOCÊ ACHA?

CLARO! MESMO QUE A TURMA NÃO QUEIRA IR COMIGO PARA O SÍTIO DO VOVÔ AMADEU, A VIAGEM CONTINUARÁ SENDO MEU SONHO DE MÉDIO PRAZO.
EU DEVO ISSO AO VOVÔ! FIQUEI MUITO TRISTE POR TER MAGOADO ELE. VOVÔ É UMA DAS PESSOAS MAIS IMPORTANTES PARA MIM.

E QUANTO AO SONHO DE LONGO PRAZO, TEMOS QUE ARRUMAR ALGUM JEITO DE AJUDAR COM A DECORAÇÃO DOS NOSSOS QUARTOS NOVOS. VIU COMO O PAPAI E A MAMÃE FICARAM FELIZES QUANDO DECIDIMOS AJUDAR?
BOM, POR ENQUANTO, NOSSA FORMA DE JUNTAR O DINHEIRO PARA POUPAR SERÁ FAZENDO AS ECONOMIAS, QUE JÁ TEMOS COMBINADO COM PAPAI E MAMÃE, DE FORMA MAIS RÍGIDA.

BOA! JÁ VOU PENSANDO EM UMAS BIJUTERIAS DE MIÇANGA LEGAIS PARA FAZER E VENDER.
TAMBÉM VOU VER NA ESCOLA SE ALGUÉM TEM INTERESSE EM ADQUIRIR MEU AVATAR.

NICO E LELÊ FICARAM ANIMADOS COM A POSSIBILIDADE DE CONSEGUIREM RECUPERAR O TEMPO E O DINHEIRO PERDIDOS, MAS INFELIZMENTE ELES NÃO TIVERAM TEMPO DE COLOCAR EM PRÁTICA. EM UM DOMINGO PELA MANHÃ...
SABEM O QUE EU TENHO AQUI DENTRO DESSE ENVELOPE?
NÃO TENHO IDEIA!
AS CHAVES DO APARTAMENTO NOVO!!!

VAMOS VER QUANTO TEMOS ATÉ AGORA E CONTINUAMOS ECONOMIZANDO EM NOVEMBRO E DEZEMBRO.
$
TAMBÉM NÃO COLOCAMOS DINHEIRO NO COFRE DE LONGO PRAZO NO PRIMEIRO SEMESTRE PARA DECORARMOS NOSSOS QUARTOS...
MAS NÓS ESTAMOS TENTANDO RECUPERAR DE TODO JEITO. VOU VENDER MEU AVATAR DO JOGO.
E EU VOU FAZER BIJUTERIAS PARA VENDER.
COMO?! TEM MUITA COISA ERRADA AQUI...

ESTOU MUITO CHATEADA COM VOCÊS. POR QUE NÃO CONTARAM QUE TAMBÉM NÃO TINHAM POUPADO PARA O COFRE DE LONGO PRAZO?
NÓS CONVERSAMOS NA ABERTURA DO COFRE DE MÉDIO PRAZO.
PORQUE NÓS FICAMOS COM MEDO DE CHATEAR VOCÊS, MAS JÁ ESTAMOS DANDO UM JEITO DE POUPAR.

ESTAMOS MUITO DECEPCIONADOS! SOMOS AS PESSOAS QUE MAIS SE PREOCUPAM COM VOCÊS.
VOCÊS NÃO DEVEM MENTIR. QUANDO ALGO DER ERRADO, PEÇAM NOSSA AJUDA PARA RESOLVER.
LETÍCIA, CANCELE A VENDA DAS BIJUTERIAS.
NICO, TAMBÉM CANCELE A VENDA DO SEU AVATAR. E, A PARTIR DE HOJE, NÃO QUERO MAIS VER VOCÊ JOGANDO.
ESTÁ BEM, PAPAI.
SOBRE A DECORAÇÃO DO NOVO QUARTO, POUPEM O DINHEIRO COM CALMA. ESSES ITENS NÃO SÃO EMERGENCIAIS, PODEMOS ADQUIRIR AOS POUCOS.
E, POR FAVOR, CRIANÇAS, NÃO MINTAM MAIS EM NENHUMA SITUAÇÃO!
PODE DEIXAR MAMÃE! DESCULPE.

NO DIA SEGUINTE, NICO E LELÊ PERCEBERAM QUE SER VERDADEIRO REALMENTE ERA A MELHOR SOLUÇÃO PARA TUDO. DEPOIS DA CONVERSA COM OS PAIS, PARARAM DE TENTAR AGRADAR OS AMIGOS E SÓ FORAM SINCEROS, DO JEITO DELES. COM O PASSAR DOS DIAS, TUDO COMEÇOU A MELHORAR...
EI, NICO, VEM FICAR COM A GENTE.
SABEMOS QUE VOCÊ JÁ TOMOU UMA BELA BRONCA DOS SEUS PAIS. NÃO PRECISA DE MAIS CASTIGO! ESTAMOS COM SAUDADES.
ALÉM DISSO, QUEREMOS SABER SE NÓS AINDA PODEMOS IR COM VOCÊ NO FIM DO ANO PARA O SÍTIO DO VÔ AMADEU...
POXA, PESSOAL, É CLARO!!!
FICO MUITO FELIZ POR PODERMOS FAZER ESSA VIAGEM JUNTOS AINDA!!
VAMOS REDUZIR OS GASTOS PARA DAR TAMBÉM UM PRESENTE PARA O VOVÔ AMADEU, PORQUE ELE MERECE!

SEMANAS DEPOIS...
VAMOS LÁ PESSOAL, CADA UM MOSTRA O CARTAZ E FALA SOBRE SUA PARTE, COMO SE FOSSE O DIA DA APRESENTAÇÃO.
ER...
O QUE FOI MARCELA?
AI, PESSOAL, EU FIQUEI ZOANDO O NICO, MAS TAMBÉM ME DEDIQUEI TANTO AO JOGO QUE ACABEI NÃO FAZENDO MINHA PARTE DO TRABALHO.
ME DESCULPEM... AGORA NÃO SEI O QUE FAZER, ESTOU PERDIDA.
MARCELA, FICA TRANQUILA. NÓS TE AJUDAMOS! VAMOS PARA SUA CASA TODOS OS DIAS DEPOIS DAS AULAS E FAZEMOS JUNTOS. TEMOS ALGUNS DIAS PELA FRENTE...
OBRIGADA, NICO.

NA SEMANA SEGUINTE... COMO RESULTADO DO ESFORÇO, A APRESENTAÇÃO DELES FOI UMA DAS MELHORES DA MOSTRA CULTURAL. ELES CONSEGUIRAM LEVAR UM PESQUISADOR DA FÁBRICA, QUE MOSTROU COMO DEVERIA SER O USO DE CADA PRODUTO E AS MELHORES FORMAS DE REAPROVEITAR O QUE SOBRAVA PARA DIMINUIR O IMPACTO NEGATIVO NO MEIO AMBIENTE.
DESSA FORMA, PRESERVAMOS O MEIO AMBIENTE...
CLAP!
CLAP!
CLAP!
CLAP!

COM ISSO TUDO, NICO E MARCELA FICARAM AMIGOS E ATÉ DESCOBRIRAM MUITAS COISAS EM COMUM...
ATÉ QUE FOI DIVERTIDA A APRESENTAÇÃO...
DESCULPA, NICO, EU IMPLIQUEI À TOA COM VOCÊ.
NÃO FUI COM A SUA CARA NO INÍCIO, MAS VOCÊ É MUITO LEGAL!
DIVERTIDA? NÓS ARRASAMOS! TUDO BEM, MARCELA. O IMPORTANTE É QUE NOS CONHECEMOS MELHOR E AGORA SOMOS AMIGOS.
E NÃO SE ESQUEÇAM, AMANHÃ MEU PAI LEVA A GENTE NO CINEMA PARA COMEMORAR.

AQUELE ANO COMPLICADO ACABOU COM MUITAS LIÇÕES APRENDIDAS. AOS POUCOS, A FAMÍLIA DE NICO ARRUMOU A MUDANÇA PARA O NOVO APARTAMENTO, E SE PREPARARAM PARA A NOVA FASE QUE VIRIA... MAS NÃO ANTES DE CURTIR MUITO AS FÉRIAS COM OS AMIGOS E O VÔ AMADEU.
FIM.

REINALDO DOMINGOS NASCEU EM CASA BRANCA, INTERIOR DE SÃO PAULO. FILHO DE PAI FERROVIÁRIO E DE MÃE AUTÔNOMA, AOS 12 ANOS DE IDADE REALIZOU O PRIMEIRO DOS SEUS MUITOS SONHOS: COMPRAR UMA BICICLETA.

ATUALMENTE, É PHD EM EDUCAÇÃO FINANCEIRA E MENTOR DE UMA METODOLOGIA COMPORTAMENTAL, A **METODOLOGIA DSOP**, QUE APRENDEU QUANDO AINDA ERA APENAS UMA CRIANÇA. AUTOR DE DIVERSOS LIVROS PARA O PÚBLICO INFANTOJUVENIL, PUBLICOU AS SÉRIES *O MENINO E O DINHEIRO*; *O MENINO DO DINHEIRO*; E OS LIVROS *O MENINO DO DINHEIRO EM CORDEL* (PNLD 2018), *DIÁRIO DOS SONHOS*, *A MENINA DO RIO*, ENTRE OUTROS.

EM PARCERIA COM MAURICIO DE SOUSA, LANÇOU AS OBRAS COMO *CÃES E GATOS*, *VISITA À FAZENDINHA*, *SEM SONHOS* E *O SUMIÇO DO CEBOLA*.

AUTOR DE TRÊS COLEÇÕES DIDÁTICAS DE EDUCAÇÃO FINANCEIRA PARA O ENSINO BÁSICO DO PAÍS, ADOTADAS POR DIVERSAS ESCOLAS PÚBLICAS E PRIVADAS, É COAUTOR DA OBRA *JUVENTUDE PLURAL – PROJETO DE VIDA*, OBRA DE ENSINO MÉDIO APROVADA NO PNLD 2021.